LES
ILES D'HŒDIC ET D'HOUAT

ET LA
PRESQU'ILE DE QUIBERON

ÉTUDE GÉOGRAPHIQUE ET ARCHÉOLOGIQUE

Par l'Abbé P.-M. LAVENOT

MEMBRE DE LA SOCIÉTÉ POLYMATHIQUE DU MORBIHAN
ANCIEN VICAIRE DE QUIBERON ET ANCIEN RECTEUR D'HOUAT.

II

VANNES
IMPRIMERIE GALLES, RUE DE L'HÔTEL-DE-VILLE.
—
1889.

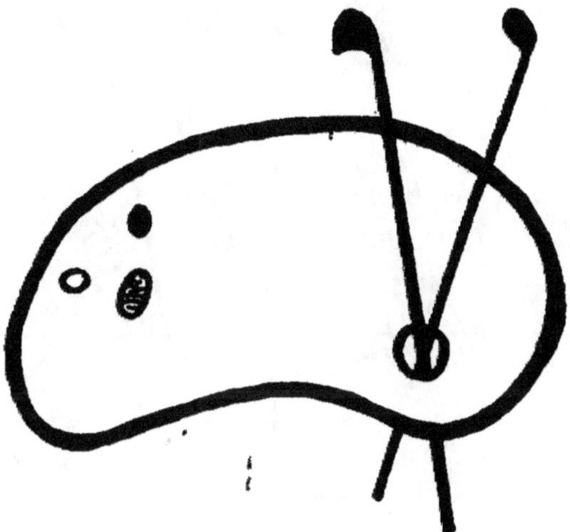

FIN D'UNE SERIE DE DOCUMENTS
EN COULEUR

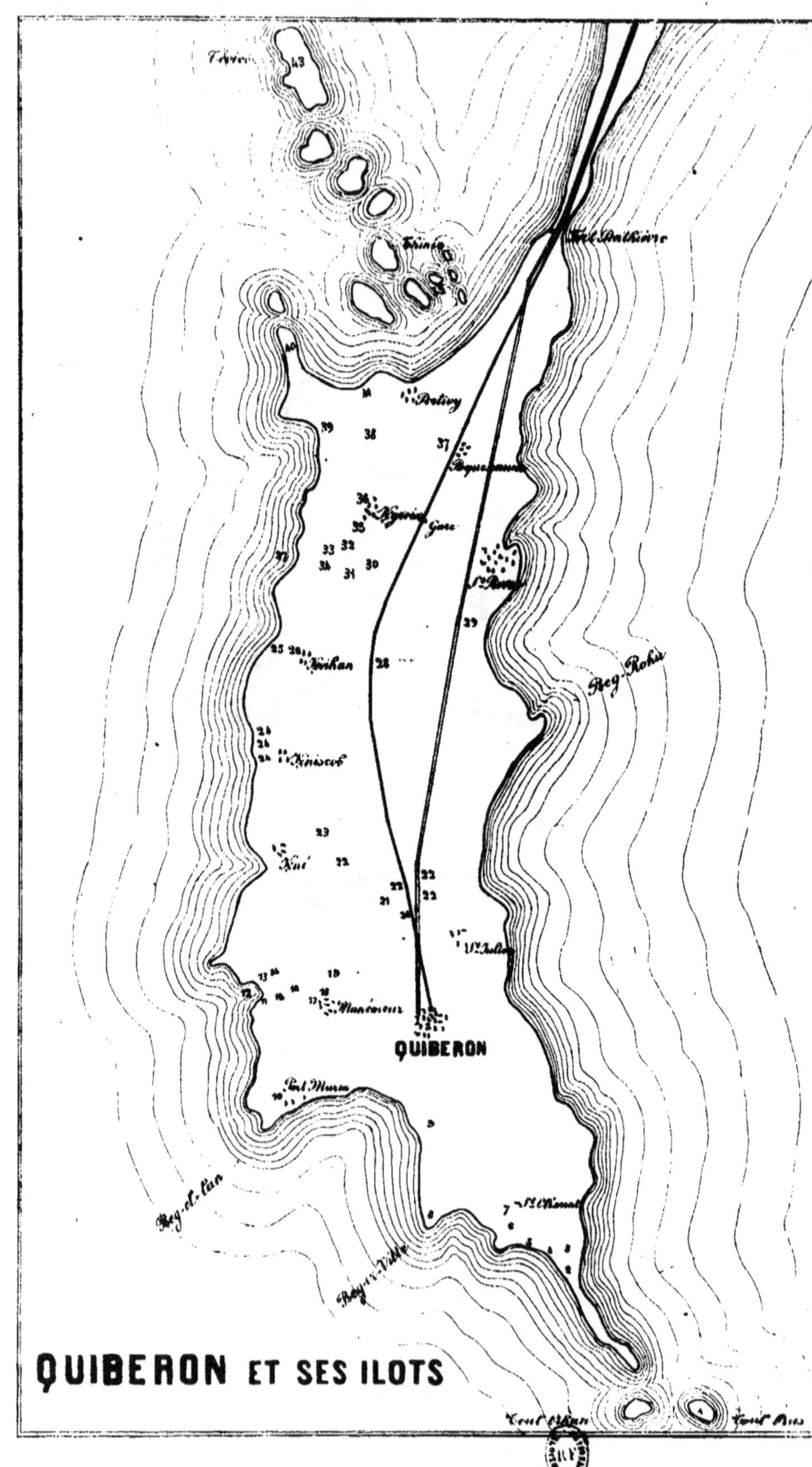

QUIBERON ET SES ILOTS

LES

ILES D'HŒDIC ET D'HOUAT

ET LA

PRESQU'ILE DE QUIBERON.

ÉTUDE GÉOGRAPHIQUE ET ARCHÉOLOGIQUE (Suite).

VESTIGES CELTIQUES A QUIBERON ET DANS LES ILOTS VOISINS.

Notre nacelle, légère et rapide, traverse les courants des Esclassiers et de la Teignouse. Nous arrivons aux îlots du Toul-bras et du Toul-bihan, les derniers sépaiés de la pointe sud-est de la presqu'île de Quiberon. Entre cette pointe et l'îlot voisin, la mer s'est fait une passe dans les temps modernes. Comme elle est récente, cette passe est encore étroite et peu profonde. Elle s'appelle en breton Toul-bihan, en français, le *petit trou*. L'îlot voisin porte le nom de cette passe. Au sud-est de ce premier îlot, il y a une seconde passe plus ancienne et, par suite, plus large et plus profonde que la première. Elle se nomme en breton Toul-bras, en français, *grand trou ;* au delà de cette seconde passe, il y a un second îlot qui en porte aussi le nom.

1° SÉPULTURES CELTIQUES.

Nous descendons sur ce rocher pour visiter les fouilles de M. Gaillard déjà si avantageusement connu par ses belles découvertes, comme nous le verrons.

Ses explorations ont porté ici principalement sur deux points. Dans la couche de sable qui se trouvait sur les débris antiques, il y avait beaucoup de blocs de pierre et de traces de charbon. Pas de dolmens.

M. Gaillard a trouvé :

1° Deux squelettes entiers et, sur un autre point, les débris de deux autres.

2° Des rebuts de cuisine dans lesquels on voyait beaucoup d'ossements, de coquilles, etc.

3° Les débris d'un grand vase fait à la main et ornementé à l'ongle.

4° Les débris de trois autres vases faits et ornementés de la même manière.

5° Beaucoup de poteries.

6° Une fusaïole en terre cuite.

7° Un peson de filet ou de ligne de pêche.

8° Beaucoup d'ossements d'animaux : moutons, bœufs, chevaux, porcs, etc.

9° Des pieds de solipèdes.

10° Deux têtes de bœufs.

11° « Un morceau de bronze oxydé affectant la forme de l'extrémité d'un pommeau d'épée. »

12° « Un morceau de fermoir de ceinturon en bronze ornementé en creux. Il fermait par une broche ou épingle. »

13° « Un peigne en os de bœuf, une côte, arrondi d'une extrémité. Il a les dents espacées sur une longueur de $0^m,055$; le reste forme manche. Longueur totale : $0^m,13$. Cet objet est percé d'un trou de suspension probablement. »

14° De nombreux instruments en os dont plusieurs usés et arrondis à chaque bout et polis sur leur face. C'étaient peut-être des manches d'outils ou d'armes.

15° *Plusieurs défenses de sanglier.*

M. Gaillard n'a pas encore publié son rapport sur les fouilles qu'il a faites en 1884 et 1885 dans l'îlot du Toul-bras. Avec son amabilité et son obligeance ordinaires, il a bien voulu me le communiquer et m'a permis d'en extraire ce qu'il me conviendrait ; aussi le prierai-je de recevoir ici mes remerciements.

Nous rembarquons pour descendre bientôt à Bêg-conguel. Nous sommes sur la presqu'île de Quibéron. A peine a-t-on mis le pied sur cette terre, qu'on se sent l'âme saisie d'une tristesse inénarrable. On se rappelle, malgré soi, les dates néfastes de 1746 et de 1795. Quels désastres ! que de larmes et que de sang !

Nous traversons, dans sa longueur, une petite langue de terre couverte de violiers en fleur. Cette pointe a déjà été île ; elle n'est reliée à la terre de Quibéron que par une chaussée en pierres roulées.

Les Quibéronnais luttent ici contre plus forte qu'eux ; la mer aura finalement la victoire. Elle aura bientôt détaché de la presqu'île un lambeau de plus dont elle fera d'abord un îlot et qu'elle fera ensuite disparaître dans un avenir plus ou moins éloigné.

2° UN MENHIR.

Nous nous dirigeons vers la chapelle de Saint Clément. Nous laissons, à environ cinq cents mètres de cette chapelle, un beau menhir à notre droite, proche de la route que nous suivons.

3° UN CIMETIÈRE CELTIQUE ?

Lorsque j'étais vicaire à Quibéron, j'ai entendu dire plusieurs fois qu'en défrichant un terrain au nord et à une certaine distance de ce menhir, on avait trouvé des murs, des *foyers* ou plutôt des *fourneaux*, et dans ces *fourneaux* des *pots à lait*. Ces prétendus *fourneaux* n'étaient-ils pas plutôt des coffres de pierre, semblables à ceux trouvés plus tard dans la propriété de M. Lallement, à Mané-Beker-noz, à Kgroix, au Fouzeu et à l'île Thinic ? Ces pots, qu'on avait pris pour des pots à lait, pouvaient bien être des vases funéraires, et ces murs, des murs de clôture du cimetière comme chez M. Lallement, ou d'autres constructions comme à Kgroix. Que d'autres ruines de cette époque éloignée ont disparu dans la partie cultivée de la presqu'île de Quibéron !

4° REJETS DE CUISINE.

En suivant la même route, on trouve à sa gauche sur le bord du chemin, non loin du menhir, un amas de rejets de cuisine peu considérable.

5° REJETS DE CUISINE.

Deux ou trois cents mètres plus loin et sur le même côté du chemin, autre amas de rejets de cuisine.

6° REJETS DE CUISINE.

Un troisième amas de rejets de cuisine sur le bord ouest du ruisseau du Goviro et toujours à gauche de la route. Vers 1875 cet amas était assez grand, il pouvait avoir de dix à douze mètres cubes. Un propriétaire du bourg de Quibéron l'enleva presque complètement et l'étendit sur un champ voisin comme engrais.

7° REJETS DE CUISINE.

En suivant toujours la même route, on trouve encore à sa gauche, avant d'arriver à la chapelle de Saint-Clément, un quatrième amas de rejets de cuisine. Dans tous ces tas de rebuts de cuisine on remarque beaucoup de cendres, des os brisés, des coquilles, des poteries, etc.

La chapelle de Saint-Clément a été construite sur l'emplacement d'une station gallo-romaine, comme nous le verrons dans le compte-rendu des fouilles faites à l'intérieur et à l'extérieur de cette chapelle.

8° UNE SÉPULTURE CELTIQUE.

De la chapelle de Saint-Clément nous nous dirigeons vers le corps de garde de Bêg-er-vil, puis nous descendons sur le bord de la côte, en tirant un peu sur la droite. En enlevant du sable de ce lieu, vers 1875, on trouva un squelette et, à côté de lui les débris d'un vase semblable à ceux de nos dolmens. J'ai recueilli et conservé ces poteries.

En suivant la clôture des champs et en allant vers le bourg on arrive bientôt à la propriété de M. Lallement, où se trouvent les tombes si curieuses découvertes en mai 1868.

9° SEPT TOMBEAUX EN PIERRES.

Ces sept tombeaux, assez rapprochés l'un de l'autre, étaient recouverts d'un tertre composé de terre et de gros cailloux roulés. Ils varient en longueur entre 0^m,50 et 1^m,90 dans œuvre. Quatre de ces tombes sont formées de dalles brutes dressées sur champ; une autre a ses quatre parois formées de murets; une autre a ses deux côtés et une de ses extrémités également formés de murets, et l'autre extrémité fermée par une dalle; enfin, la dernière a ses deux extrémités fermées par des dalles et ses deux côtés faits par des murets. Quelques-unes de ces tombes n'avaient pas de couverture, d'autres étaient recouvertes par des dalles. Dans toutes on a trouvé du terreau noirâtre et, dans quelques-unes, des ossements et des poteries.

Auprès de ces tombes on a trouvé une sorte de mur formant une circonférence incomplète.

(Voir dans le bulletin de la Société polymathique, année 1868, page 9 et suivantes, l'intéressant rapport du docteur de Closmadeuc, où nous avons puisé les renseignements que nous venons de donner.)

Nous contournons le Portmaria, puis nous nous dirigeons vers l'ouest en suivant la côte.

10° CROMLECH.

Derrière le village de Portmaria, presque à la pointe de Bèg-lan, il y avait autrefois un cromlech.

11° CHAUSSÉE CELTIQUE.

Nous arrivons sous le village de Manémeur, à la pointe de Bèg-el-lanneg. A la jonction de cette pointe à la terre, on remarque une chaussée faite de main d'homme et qui la traverse d'un côté à l'autre, du nord au sud. Cette chaussée mesure cinquante-cinq mètres de long sur neuf de large. Elle a été plus longue autrefois, car ses deux extrémités ont été rongées par la mer. Quatre rangées transversales de pierres plates dressées sur champ la partagent en quatre parties inégales. La première rangée se trouve à son extrémité sud ; de celle-ci à la seconde, il y a 11 mètres ; de la seconde à la troisième, 17 ; de la troisième à la quatrième, 16 ; enfin, de la quatrième à l'extrémité nord, 11.

En examinant avec soin cette éminence, je découvris beaucoup d'éclats de silex et de poteries à son extrémité sud. Dès lors je ne doutai plus que j'avais affaire à un monument très primitif et assez intéressant à cause de sa forme singulière. Je le fouillai donc dans la seconde moitié du mois d'août 1871. Voici le résultat de mes recherches.

Pour essayer d'arracher son secret à ce nouveau sphinx, je résolus d'y pratiquer une tranchée dans toute sa longueur. Puis comme ces alignements de pierres m'intriguaient, je voulus y faire quatre tranchées transversales.

Le sol, sous cette chaussée, est granitique et recouvert d'une mince couche de terre végétale. C'est sur le sol qu'on a construit cette chaussée, amas de terre et de pierres jetées pêle-mêle dans le plus grand désordre. Les pierres sont, en partie, des pierres roulées de la côte, et, en partie, des pierres de carrière. Les unes et les autres sont de différentes dimensions. Les plus grandes ne mesurent pas moins d'un mètre de long. Les pierres des alignements étaient plantées dans le sol et consolidées par d'autres beaucoup plus petites fixées à leur base en guise de coins. La hauteur de la chaussée varie entre 0^m,90 et 1^m,40.

En fouillant on a trouvé :

1° Deux petites boules en silex. Le diamètre de la plus petite est de 0^m,025 et celui de la plus grande, de 0^m,045.

A Carnac j'ai trouvé également de petites boules en silex ; mais plus grandes.

2° De huit à d.. pesons de filets ou de lignes de pêche. Ce sont des galets de forme ovale, échancrés à leurs extrémités. Leur longueur varie entre 5 et 10 centimètres. J'ai trouvé un peson semblable à l'îlot du Yoh, près Houat (1). M. Gaillard en a trouvé aussi à l'île de Thinic (2) et à l'îlot du Toul-bras.

3° Un autre peson semblable aux premiers quant à la forme, mais beaucoup plus grand. Il avait 0^m,28 de long.

J'en ai trouvé un semblable à Hœdic, à Coh-Castel (3). Quelquefois ces gros pesons, au lieu d'être échancrés aux extrémités, sont percés à leur petit bout. J'ai trouvé un peson de ce genre dans des fouilles pratiquées auprès des ruines de la chapelle de Saint-Clément. M. l'abbé Collet en a trouvé un autre à Mané-Bêg-en-aud (4).

Les pêcheurs de nos côtes se servent encore de ces petits et de ces lourds pesons pour leurs lignes de pêche, leurs filets et leurs sacs de drague. Ces gros pesons entrent aussi dans la fabrication de petites ancres en bois que nos pêcheurs appellent *Crapauds ;* mais alors les pesons sont toujours échancrés aux extrémités et jamais troués.

4° Beaucoup de poteries noires, grossières, répandues dans toute la chaussée, mais principalement sur le sol. Quelques-unes de ces poteries mesuraient 0^m,015 d'épaisseur et avaient appartenu à des vases de très grandes dimensions.

5° Près du quatrième alignement, un amas de cendres, de charbons et de poteries couvrant une surface d'environ 2 mètres carrés. La couche avait environ 0^m,10 d'épaisseur. Elle était à la base de l'alignement, sur le sol, sous le tertre. Par-ci par-là quelques poignées de cendres, de charbons, et toujours sur le sol.

6° Quelques fragments de tuiles.

7° Quelques os très friables et un morceau de mâchoire d'animal, de cheval peut-être.

---

(1) Voir ma première brochure : Hœdic, Houat et Quibéron, p. 10. — (2) V. son rapport, p. 6, dessins 6 et 7.

(3) V. Brochure Hœdic, Houat, Quibéron, p. 9

(4) V. Bulletin de la Société polymatique, 1868, p. 173.

8° Beaucoup d'éclats de silex, principalement à l'extrémi
sud.

9° Une pierre plate, longue de 0^m,35 et une pierre roulé
longue de 0^m,25, ayant toutes deux l'une de leurs faces usé
polie et parfaitement plane.

10° Auprès du quatrième alignement, deux pierres brutes
granit. L'une d'elles mesure 1^m,10 de long et l'autre 0^m,6
Sur l'une de leurs faces on a fait une excavation peu profond
plus longue que large et très lisse. Au même lieu, de
fragments de deux autres pierres ayant été également creusé
de la même façon. Nous y avons trouvé une pierre pol
ayant la forme d'un œuf, mesurant 0^m,30 de long et s'adapta
bien au plus grand des mortiers, et la moitié d'une aut
pierre de même forme ayant 0^m,23 de diamètre. Ces mortie
et ces pierres longues et arrondies proviennent du pays.

Je crois que les pierres décrites aux numéros 9 et 10, o
servi à écraser du grain.

L'usage de cultiver les céréales, d'en réduire les graines e
farine d'abord, puis en pain, doit remonter à une très haut
antiquité. Le mot pain se trouve pour la première fois dans
Bible, au verset 19 du 3e chapitre de la Genèse : *in sudo
vultus tui vesceris pane*, vous mangerez votre pain à la sue
de votre visage. Mais ici le mot *lechem* traduit par *pane* e
latin, signifie en hébreu *toute sorte de nourriture*.

Pour retrouver le même mot dans la Bible, il faut descendr
jusqu'au temps du patriarche Abraham. Nous y lisons qu
« le roi de Sodome sortit au-devant d'Abranam lorsqu'il rev
« nait après la défaite de Chodorlahomor et des autres roi
« qui étaient avec lui dans la vallée de Savé, appelée aussi
« vallée du Roi. Mais Melchisédech, roi de Salem, offran
« (en sacrifice) du PAIN et du vin, parce qu'il était prêtre d
« Très-Haut, bénit Abraham en disant : qu'Abraham so
« béni du Dieu Très-Haut, qui a créé le ciel et la terre (1).

Dans ce passage, le mot pain désigne proprement d
pain.

---

(1) Gen. xiv, 17. 18 et 19.

Au chapitre XVIII de la Genèse, nous voyons trois anges entrer sous la tente du même patriarche dans la vallée de Membré. Voulant bien recevoir ses hôtes, Abraham dit à Sara : pétrissez vite trois mesures de farine et faites cuire des pains sous la cendre : *Festinavit Abraham in tabernaculum ad Saram dixitque ei : Accelera, tria sata similæ commisce et fac subcinericios panes.*

D'après ces citations on peut raisonnablement supposer que le pain était une nourriture commune au temps d'Abraham.

La culture des céréales, la mouture et la panification ont dû avoir une origine contemporaine. En effet, pas de pain sans farine et pas de farine sans céréales ; mais aussi les graines des céréales sont presque inutiles si l'on ne peut les réduire en farine, et la farine ne peut avoir qu'un emploi bien limité si on ne la peut convertir en pain. Depuis le commencement du monde jusqu'à nos jours, de quels instruments, de quels moulins s'est-on servi pour la faire ?

D'après mon humble avis, on a dû se servir pour broyer le grain : 1° de deux pierres plates ; 2° d'un mortier et d'un pilon ; 3° d'un mortier et d'une molette ; 4° enfin de deux meules superposées et dont la supérieure a été mise en mouvement par les hommes, les chevaux, les ânes, l'eau, le vent ou la vapeur.

1° La meunerie comme la plupart des arts industriels, a dû commencer par ce qu'il y avait de plus élémentaire, de plus simple. On a dû d'abord chercher une pierre de moyenne grandeur afin de pouvoir plus facilement la transporter d'un lieu à une autre, et ayant une de ses faces plate et unie. On l'a déposée sur une natte ou sur une toile, la face plate en haut. Puis on a cherché une seconde pierre plus petite, mais ayant également une de ses faces plate et unie. En mettant la petite pierre sur la grande, les faces lisses l'une contre l'autre, on a les deux meules du premier moulin de nos ancêtres. En promenant la petite pierre sur la grande, et en pesant fortement sur le grain qu'on y a déposé, on l'écrase, on le broie. On remet cette farine entre les deux pierres jusqu'à ce qu'elle ait acquis une finesse convenable.

Voilà à quoi ont dû servir les deux pierres plates de Bêg-el-lanneg,
dont j'ai parlé plus haut. Ce moulin primitif a été bientôt
abandonné ; mais pas partout. Des tribus indiennes s'en
servent encore. En effet, on lit dans le voyage de Molhausen
du Mississipi à l'Océan : « La nourriture principale des Indiens
consiste en gâteaux grillés de *maïs et de blé dont ils pul-
vérisent les graines entre deux pierres.* » (Tour du monde
1868, p. 374.)

2° Nos ancêtres ont progressé dans la meunerie comme
dans le reste. Le premier moulin a dû se perfectionner aussi ;
la pierre inférieure restant la même, on a dû remplacer la
seconde par une pierre longue de petites dimensions, qu'on
prenait à poignée pour s'en servir comme d'un marteau, on
a dû frapper avec l'une de ses extrémités sur le grain déposé
sur la pierre plate. Cette méthode s'emploie encore aujourd'hui chez les Canaques de la Nouvelle-Calédonie. J'ai un
pilon qui me vient de cette colonie lointaine et qui porte les
traces évidentes de son ancien emploi.

Mais cette manière de réduire le grain en farine avait un
grave inconvénient. Le pilon, en frappant sur le blé déposé
sur la pierre plate le faisait sauter au loin. De là la nécessité
de le renfermer dans un mortier. La pierre plate fut donc
remplacée par un mortier. J'ai dans ma collection d'antiquités
une pierre qui me paraît avoir servi à cet usage. Je l'ai trouvée
sous les ruines de la chapelle de Saint Clément en Quibéron.
C'est une pierre roulée de la côte. Elle est de forme longue et
arrondie. On a taillé une de ses extrémités pour la faire tenir
debout : puis à l'autre extrémité on a creusé un trou de cinq
centimètres de large et de deux centimètres de profondeur.
Vue de côté, elle ressemble au boulet du canon rayé. Elle
a 24 centimètres de haut et 40 de circonférence. Dans ce trou
fait dans son petit bout on a dû broyer du grain.

3° Ce petit mortier a été bientôt remplacé par un autre
beaucoup plus grand, et au lieu d'un petit pilon on se servit
d'une molette. On a trouvé un certain nombre de ces mortiers
dans notre département. D'abord les quatre trouvés à Bêg-el-
lanneg avec une molette entière et la moitié d'une autre. En
mars 1870 j'ai trouvé un mortier complet et la moitié

d'un autre dans la *fosse des martyrs* au pied de Mané-Béleg, en Saint-Pierre-Quibéron, comme nous le verrons plus tard. On en a trouvé quatre dans le dolmen de Crubelz (1), quatre autres dans le dolmen de Kgonfalz en Bignan (2), un seulement à Klescant en Carnac (3). A droite et sur le bord de la route de Carnac à Plœmel, à trois ou quatre cents mètres et au nord du village de Kgô, j'ai remarqué, vers 1873, une pierre brute qui avait servi de mortier. On en a encore trouvé d'autres à Toulvern en Baden, à Gavr'inis, à l'Ile-d'Arz, à l'Ile-aux-Moines, à El-lanig, au Lizo et au Nignol en Carnac, etc.

Le premier moulin à vent de l'île d'Houat a été construit en 1831. Avant cette époque, les habitants de l'île faisaient moudre leur grain au continent ; mais quelquefois on manquait de farine. Alors on recourait aux moulins domestiques, *qui n'étaient autres que des mortiers avec leurs molettes*. Dans un mur du village on peut voir encore un de ces mortiers semblables à ceux des dolmens.

Le moulin à vent d'Hœdic a été bâti après celui d'Houat. Comme dans les deux îles on avait les mêmes us et coutumes, on a dû s'y servir de mortiers et de molettes pour moudre le blé, plus tard encore qu'à Houat. Hors du Morbihan, on a trouvé également de ces mortiers. Ainsi, en 1868, M. le docteur Foulon, de Nantes, en a trouvé un à Pontchâteau, mais différent de ceux de notre département. Les nôtres ont *tous* été creusés dans des pierres brutes : et celui de Pontchâteau, au contraire, dans une pierre taillée. A propos de cette découverte, ce savant archéologue a publié, en 1868, dans le bulletin archéologique de Nantes, une étude très intéressante sur les mortiers et les meules à bras. Je me permets de lui faire quelques emprunts. D'après cet antiquaire, le docteur Garrigou aurait fouillé, en 1867, une grotte dans la vallée de Viaux, près Tarascon (Ariège), contenant trois couches différentes d'âge. « La plus superficielle, âge de bronze et de fer ; la plus profonde, âge du renne ; l'intermédiaire, âge de la pierre polie. Or, c'est dans celle-ci que se

---

(1) Bulletin de la Société polymatique, 1864, p. 8.
(2) Ibid. 1864, p. 94, (3) Ibid. 1865.

trouvaient un mortier, une meule frottante, une ou plusieur
et à l'état de fragments. » (p. 113).

D'après le même auteur (p. 112), M. Lukis a fouillé un tu
mulus à Guernesey. Il y a trouvé aussi une pierre à auge, e
granit, comme celle de Pontchâteau, moindre un peu de volume
entière et non brisée. Ce tumulus serait de l'âge de la pierr
polie.

Niebuhr dit, en parlant de la nourriture des habitants d
l'Arabie : « Les Arabes ont diverses manières de cuire leu
pain. Sur le vaisseau qui nous transporta de Dsjidda à Loheia
un des matelots était chargé de prendre, chaque après-midi
la quantité de *dura* nécessaire pour un jour et de *l'écraser su
une pierre dont la surface était un peu creusée, avec une autr
pierre longue et arrondie* (1). » On lit dans *Le Zambèze et se
affluents* (Afrique Australe), par David et Ch. Livingstone :

« Leur moulin (des Mangajas, Makalolos, Landines e
autres peuplades) est composé d'un bloc de granit ou d
syénite, parfois même de micaschiste, ayant de 15 à 18 pouce
carrés sur 5 ou 6 d'épaisseur, et d'un morceau de quartz o
d'autre roche également dure, de la dimension d'une demi
brique ; l'un des côtés de cette espèce de meule est convexe
de manière à s'adapter à un creux en forme d'auge, pratiqu
dans le bloc qui est immobile.

» Quand la femme a du grain à moudre, elle s'agenouille
saisit à deux mains la pierre convexe et la promène dans l
creux de la pierre inférieure par un mouvement analogue
celui d'un boulanger qui presse sa *pâte* et la roule devant lu
Tout en la faisant aller et venir, la ménagère pèse de tout so
poids sur la meule et, de temps en temps, remet un peu d
grain dans l'auge du bloc. Celui-ci est incliné de manièr
que la farine, à mesure qu'elle se fait, tombe sur une natt
disposée pour la recueillir. » (Tour du monde, 1866, I. p. 174
pl. I, dessins 2 et 3, cité par le docteur Foulon, p. 120).

Ce mortier et cette molette servaient aussi aux Hébreu
dans le désert pour moudre la manne qui était comme l
graine de coriandre.

---

(1) Glaire, introduction à l'Écriture Sainte, édit. 1843, tome II, p. 226.

4° Après le mortier et la molette furent trouvées les meules à bras. Ce sont deux pierres circulaires d'une quarantaine de centimètres de diamètre. Quelquefois elles sont plates, quelquefois l'inférieure est convexe et alors la supérieure est concave. La meule inférieure est toujours immobile et la supérieure tournante. Au milieu de la meule gisante est un axe en bois ou en fer qui maintient la tournante en place. Celle-ci a sa face supérieure légèrement concave pour servir de trémie. On y verse le grain qui descend le long du pivot, entre les deux meules. Là il est broyé, pulvérisé, et la force centrifuge le projette dehors à l'état de mouture. Vers le pourtour de la meule tournante est fixée une poignée à l'aide de laquelle on peut lui imprimer un mouvement de rotation, ou plutôt à la place de cette poignée est une cavité propre à recevoir l'extrémité d'une perche qui est tenue à sa partie supérieure, avec le jeu suffisant qui permet de se servir de cet engin pour faciliter l'action imprimée par le bras de l'homme.

Ces meules à bras remontent à une très haute antiquité. La Bible en fait mention, et il en est question dans l'odyssée d'Homère. Les Romains, qui avaient trouvé en Asie ces meules à bras, les importèrent et les répandirent dans toute l'Europe. Ils y employaient leurs esclaves et les condamnés aux travaux forcés. De là l'expression latine *damnare ad molam*. Ils y faisaient travailler aussi quelquefois des ânes et des chevaux. Comme ces moulins coûtaient peu, chaque famille en avait. Au moyen âge, le droit de bâtir un moulin était un droit féodal, et tous les vassaux étaient obligés de faire moudre leur grain au moulin de leur seigneur. « Les moulans doivent moudre leurs bleds au moulin de leur Seigneur, disent les coutumes de Bretagne, art. 388. » D'après l'article 72 des coutumes de Paris, un moulin à vent ne pouvait être un moulin banal. Un Seigneur propriétaire d'un moulin à vent ne pouvait donc pas obliger les habitants de sa seigneurie à y aller moudre leur grain. Pour éviter ce *droit de moute*, comme on l'appelait alors, beaucoup de particuliers avaient chez eux des meules à bras et moulaient eux-mêmes leur blé. Dans nos campagnes on trouve encore aujourd'hui de ces petites meules ; on s'en

sert pour moudre le blé noir. L'usage si général de ce
meules dans notre pays depuis la conquête romaine, pou
ainsi dire, jusqu'à nos jours, explique le grand nombre qu'o
en trouve partout. M. le docteur Foulon a découvert un atelie
de meules à bras près de Guérande. Il signale la destructio
récente d'un autre près du bourg de Besné, Loire-Inférieure
et l'existence d'un troisième à la Morlière, dans le Dauphin
(p. 115 et 117).

La Seine-Inférieure avait deux ateliers de meules en pou
dingue, l'un à Saint-Saens et l'autre dans le bois des Hogues
ils approvisionnaient à peu près exclusivement tout l
pays (1).

On ne trouve pas seulement ces meules en grand nombr
en France et en Europe ; mais encore dans les autres partie
du monde : on en trouve beaucoup notamment en Asie, d'o
elles sont originaires.

Dans ses observations sur l'Algérie et sur la Tunisie, Shav
disait que « dans la plupart des familles on moud soi-mêm
le froment et l'orge dont on a besoin ; on a pour cet eff
deux meules portatives dont on fait tourner celle de dessu
avec un manche de bois ou de fer placé vers le bord. Lorsqu
la meule est grande, ou qu'on veut dépêcher, on est à deu
pour la tourner plus rapidement. Comme c'est encor
aujourd'hui l'ouvrage propre des femmes et que, pour s'assister
elles se placent ordinairement vis-à-vis l'une de l'autre d
manière qu'elles ont la meule entre elles, cela peut servir
faire connaître la justesse de l'expression de Moïse, lorsqu'
parle de la *servante qui est au moulin* (Ex. XL. 5) ; et
force de ce que dit Notre-Seigneur que *deux femmes moudron
au moulin et que l'une sera prise et l'autre laissée* (Matt
XXIV. 41) (2). »

L'invention des moulins à eau paraît dater de l'époque flori
sante de l'empire Romain. On sait que sous le règne d'Arcadiu
et d'Honorius, il y en avait beaucoup sur les petites rivière
et les ruisseaux des environs de Rome et même sur le Tibr

---

(1) Abbé Cochet. Notices sur une sépulture Gauloise dans la b
(2) Shaw, I, p. 384 et 385.

De l'Italie ces moulins ont passé dans les Gaules et les autres contrées de l'Europe.

Le manque d'eau dans les immenses plaines de l'Orient a fait inventer les moulins à vent. Le modèle en fut apporté en Europe lors des croisades.

Les moulins à eau et à vent ne suffisant pas à l'intérieur et dans le voisinage des villes, on a trouvé les moulins à vapeur aujourd'hui si perfectionnés.

Nous sommes loin des deux pierres plates de Bêg-el-lanneg.

12° ATELIER DE SILEX

ou de pierre polie du rocher de Bêg-er-houlanneg, er Houalenneg ou mieux de Bêl-el-lanneg.

A cinquante mètres de la chaussée dont nous venons de parler, se trouve un rocher isolé de la terre par un intervalle de six mètres seulement. Sa superficie est d'environ 500 mètres carrés. Dans le pays on l'appelle Bêg-er-houlanneg, ou er Houalenneg ou mieux Bêg-el-lanneg, la pointe de la lande. M. Gaillard y a trouvé, en septembre 1884, des objets nombreux en silex, de formes très variées, des outils en pierre, une grande quantité de poteries et un squelette. L'auteur conclut que « sur ce rocher il y avait un atelier de fabrication d'outils en silex éclaté et en pierre polie (1). »

13° UN DOLMEN.

Au nord de Bêg-el-lanneg, à environ 600 mètres et sur la côte, se trouve un dolmen ruiné où je n'ai rien trouvé.

14° UN DOLMEN.

A quelques mètres de ce dolmen se voient les ruines d'un second, où j'ai recueilli quelques poteries noires.

---

(1) L'atelier en silex et de pierre polie du rocher de Bêg-er-houlanneg, en Quiberon.

15° TROIS MENHIRS RENVERSÉS.

A une soixantaine de mètres de Bèg-el-lanneg et à l'es
on voit trois menhirs renversés. Le plus long des trois mesu
6 mètres de long. Sous l'un d'eux M. l'abbé Collet a trouv
en 1850, les fragments d'un grand vase en terre brune
un grain en terre cuite, diamètre 0ᵐ,045 (musée de Vanne
Nˢ 617 et 618).

16° UN MENHIR.

Un beau menhir se dresse à l'est et à une petite distan
des précédents.

Autrefois on voyait trois dolmens au haut du village
Manémeur. Ils étaient sur une même ligne allant du sud a
nord.

17° UN DOLMEN.

Le premier de ces dolmens, celui du sud, a été détruit
y a déjà quelques années.

18° UN DOLMEN.

Le second dolmen est à quelques mètres seulement
l'emplacement du premier. Il se compose d'une chambre
d'une galerie. Il fut fouillé, en 1868, par M. l'abbé Le Pod
qui y trouva beaucoup de poteries, une très belle lam
en silex œuvré et un objet en verre, probablement
panse d'une fiole à parfum ou lacrymatoire (1).

19° UN DOLMEN.

Le troisième dolmen est au nord et à environ deux cen
mètres du second, au coin d'un champ.

Lorsque les émigrés se furent rendus maîtres de Quibéro
en 1795, quelques familles de Carnac, de Plouharne

---

(1) Bulletin polymatique, 1868, p. LXXXVI.

d'Erdeven et du voisinage, s'y réfugièrent, emportant avec elles leur petit avoir. On prétend que quelques-unes de ces familles et quelques émigrés auraient caché ici et là leurs trésors dans la presqu'ile, et que, pour une raison ou pour une autre, une partie de ces trésors y sont restés. On en aurait déjà trouvé quelques-uns ; mais il en reste encore. La tradition rapporte qu'un de ces trésors est caché au Manémeur même. Quand on vit M. l'abbé Le Poder fouiller, en 1868, le dolmen dont je viens de parler, tout le village fut en émoi. C'était la première fois qu'on voyait dans le pays un archéologue explorer de telles ruines. Il avait dû voir sur quelques vieux papiers que le fameux trésor du village se trouvait dans ce dolmen ; c'était certain, tous les villageois en étaient convaincus. Cependant la légende disait que le trésor du Manémeur était au coin d'un champ. Le trésor devait se trouver ailleurs. Le troisième dolmen dont j'ai parlé plus haut se trouve situé précisément en partie au coin d'un champ et en partie dans le chemin. On finit de délibérer et on prit une résolution. La nuit suivante, une vingtaine de personnes du village se réunirent pour chercher le trésor dans le dolmen du coin du champ. Le temps était devenu mauvais, le vent était fort, les lames de la mer, furieuses, déferlaient avec fracas sur la côte, le tonnerre grondait. Le diable se mettait de la partie et ne voulait pas évidemment qu'on lui ravit son trésor. On redouble d'ardeur ; mais la tempête devient aussi plus violente. Cédant au temps, à la fatigue et un peu aussi à la peur, les travailleurs comblent le trou qu'ils avaient fait et rentrent chacun chez soi ; mais sans trésor.

Une aventure presque semblable arriva à M. l'abbé Collet, vers la même époque, quand il commença ses fouilles sur la côte de Kvihan, en Saint-Pierre-Quibéron.

J'ai fouillé ce dolmen au commencement de septembre 1871 ; à mon apparition, même émoi dans le village qu'à celle de M. Le Poder. Je cherchais le trésor. J'affirmais en riant.

> .... *ridendo dicere verum*
> *quis vetat ?*..

Je m'expliquai bien vite : je cherchais bien un trésor ;

mais un trésor consistant en poteries, en éclats de silex, en charbon, en cendres. Et on s'extasiait !

Barbarus his ego sum quia non intelligor illis !

Le dolmen consiste en une chambre circulaire avec galerie au sud-est. Le diamètre de la chambre est de 3 mètres. Quatre supports seulement restent debout dans la galerie et six dans la chambre. Les autres gisent à l'extérieur ou à l'intérieur du monument. Le plancher de la chambre est fait avec de grandes pierres plates. Sur ce plancher j'ai trouvé une couche mince de terreau jaune ; sur un certain point, des cendres et des grains de charbon. Dans ce terreau j'ai recueilli quelques éclats de silex et beaucoup de poteries. Elles sont très variées quant à l'épaisseur et quant à la forme des vases auxquels elles ont appartenu. Quelques-unes sont ornées de hachures, d'autres sont unies et enduites d'un vernis noir à l'intérieur et à l'extérieur ; d'autres enfin sont revêtues d'un double ourlet à leur partie supérieure. Elles ont appartenu à des vases ayant les uns la forme bombée, les autres la forme d'une écuelle, etc. Quelques-uns de ces vases avaient de très fortes dimensions. Par-dessus ce terreau jaune, il y avait une couche de terre et de pierraille d'environ 0^m,70 ; c'est sur cette couche qu'avaient travaillé les chercheurs de trésors.

Avant de passer outre, je ferai remarquer que le cromlech de Bêg-el-lan, la chaussée et l'atelier de Bêg-el-lanneg, les deux dolmens et les quatre menhirs voisins, puis les trois dolmens du Manémeur forment un groupe de monuments celtiques variés. Les objets qu'on y a trouvés sont également dignes d'attention.

20° DÉBRIS CELTIQUES.

Quand on construisit le fort de Saint-Julien, en 1864, on recueillit sur ce point, qui est le plus élevé de la presqu'île, des éclats de silex, des nucléi, des percuteurs, des fusaïoles et quatre anneaux en serpentine. Ces anneaux sont remarquables. Les terrassiers qui les avaient trouvés en conservèrent deux, brisèrent les deux autres et en jetèrent les morceaux.

21° UN MENHIR RENVERSÉ OU UN DOLMEN.

A l'est et à une petite distance du fort de Saint-Julien on voyait, il y a peu d'années, dans un champ d'ajoncs, une longue pierre qui devait être ou la table d'un dolmen ou un menhir renversé.

22° LE PARCO.

Sur la limite des communes de Quibéron et de Saint-Pierre, il y a un étang d'environ un kilomètre de long et de trois à quatre cents mètres de large. Il déverse le trop plein de ses eaux dans la baie de Quibéron. En été, il s'assèche presque complètement. On y coupe alors des tourteaux de tourbe qui servent comme combustible.

Pendant l'été de 1871, un journalier, en y coupant de cette tourbe, à l'est et auprès de la route, du côté de Quibéron, trouva une lame de silex rouge œuvrée, assez semblable à une lame de couteau. Elle mesure $0^m,09$ de long et $0^m,03$ dans sa plus grande largeur. Sur les berges de la route qui traverse le Parco, sur le bord sud de l'étang, on trouva, sous la terre végétale, beaucoup de poteries semblables à celles des dolmens.

A l'extrémité ouest de cet étang, un Quibéronnais, vers 1876, clôturait un terrain. Pour élever un talus qui aurait servi à la fois et de clôture à son champ et de digue aux eaux de l'étang, il creusa un fossé large et profond. Il traversa la couche de tourbe et arriva au sol consistant en argile jaune. Sur ce sol il trouva quelques grosses pierres en désordre et parmi ces pierres des poteries noires qu'il me donna. Comment expliquer la présence de cette lame de silex et de ces poteries sur les bords de cet étang? N'y aurait-il pas eu là autrefois des habitations lacustres, comme on en trouve si fréquemment dans les étangs et dans les lacs des autres pays? Des recherches faites dans ce but amèneraient peut-être quelque découverte de cette nature.

23° COFFRES DE PIERRES.

En creusant les fondations du sémaphore de Quibéron, o
trouva, assure-t-on, deux ou trois coffres de pierres.

24° TROIS DOLMENS.

Sur la côte de Kniscob et de Kvihan on voit trois dolmen
fouillés en 1868 par M. l'abbé Collet (Bulletin polymath. 186
p. 173.)

25° DOLMEN DE CROH-COLLÉ.

Sur la côte de Kvihan, à Croh-Collé, dolmen avec galeri
M. l'abbé Collet l'a fouillé en 1868 et y a trouvé :

1° Une douzaine de vases en terre cuite, brisés ;

2° Trois pointes de flèche en silex et un grand nombr
d'esquilles et de nucléi également en silex.

3° Un fragment de celtæ.

4° Un celtæ complet, long de 0^m,00, aplati et percé d'un tro
à l'extrémité opposée au tranchant (Bull. polymath. 186
p. 174).

26° MENHIRS DE KVIHAN.

A deux cents mètres environ et à l'est de Croh-Collé, il
avait autrefois deux ou trois menhirs. Auprès de l'un d'eux
M. l'abbé Collet a trouvé un beau vase. Il est au musé
de Vannes, sous le n° 609. Des défrichements ont fait détruir
ces menhirs.

27° PORTBARA. — SÉPULTURES CELTIQUES.

A Portbara, il y a un rocher qui a été séparé de la falais
dans les temps modernes. M. Gaillard l'a exploré en juille
1884. Il y a trouvé deux fosses remplies de charbon. L'un
d'elles était circulaire et avait 1^m,30 de diamètre et 0^m,75 d

profondeur ; l'autre était quadrangulaire et avait 3 mètres de long sur 2 mètres de large, et 0ᵐ,50 de profondeur. Le fonds de ces excavations était en terre glaise. Ce charbon n'avait pas été cuit dans ces fosses ; on l'y avait jeté après l'avoir brûlé ailleurs. Il a été trouvé quelques poteries parmi le charbon dans la fosse circulaire.

Sur ce rocher, M. Gaillard a trouvé en plus :

1° Deux squelettes entiers, cinq crânes et beaucoup d'ossements ayant appartenu à d'autres squelettes.

2° Cinq fusaïoles en terre cuite.

3° Une fusaïole en os de bœuf perforé.

4° Une épingle en bronze.

5° Quatre bracelets entiers en bronze et la moitié d'un autre.

6° Un anneau en bronze.

7° Deux monnaies celtiques en bronze.

8° Beaucoup de poteries ayant fait partie de vases de grandeurs, de formes et d'ornementations différentes.

(Bulletin d'anthropologie. 1884, p. 710 à 716).

28° MENHIR DE KIDANVEL.

Entre Kidanvel et le Parco, on voit un menhir debout ; on le nomme dans le pays *er ruguied.*

29° ALIGNEMENT DU MOULIN DE KBOURNEC.

Près du moulin de Kbournec, se trouvent encore debout quelques menhirs qui ont appartenu à des alignements. La mer en a envahi une partie ; les habitants du pays en ont détruit d'autres ; il y avait un cromlech à l'extrémité sud de ces alignements.

30° TROIS DOLMENS A GALERIE A MANÉ-BEKER-NOZ.

Dans la partie sud de Mané-Beker-Noz on voit trois dolmens à galerie juxtaposés. M. l'abbé Collet les a fouillés en 1868 et

y a trouvé des grains de charbon et des poteries ornées. C[...]
dolmens avaient été bouleversés précédemment (Bul. polym[...]
1808, p. 194).

31° CHAMBRES DE PIERRES A MANÉ-BÉKER-NOZ.

Le bulletin de la Société polymathique a rendu compte (ann[...]
1865, p. 39 et suiv.) de la découverte faite à Mané-Béker-[...]
d'une petite chambre de pierres contenant un squelette [...]
une urne. Pendant les vingt années précédentes, environ vin[...]
cinq autres chambres de pierres avaient été trouvées dans ce[...]
même butte. Elle n'a encore été explorée que dans sa par[...]
est ; il est probable qu'elle contient encore d'autres tombeau[...]

32° MONUMENT INDÉTERMINÉ DANS LE VALLON DES MARTYRS

Le Mané-Béker-Noz est à l'angle *sud-est* d'un vallon for[...]
par deux dunes et orienté *est-ouest*. Sa longueur est d'envi[...]
700 mètres. A son extrémité *est* elle mesure 60 mètres. V[...]
son milieu elle en a 100 ; puis elle se rétrécit et va se term[...]
ner en pointe. Elle est au sud et à une quarantaine de mèt[...]
de Mané-Beleg. Ce vallon porte, dans le pays, le nom de *vall[...]
des martyrs*, parce qu'en 1795 on y mit à mort et on y inhu[...]
un certain nombre d'émigrés condamnés par les commissi[...]
militaires siégeant à Saint-Pierre-Quibéron. C'est, dit-on, da[...]
ce vallon qu'il fut d'abord question d'ériger le monument éle[...]
plus tard à la Chartreuse, près Auray. Plus tard on exhuma [...]
restes des émigrés et on les porta au cimetière paroissial.

Dans un déblai fait par le vent au milieu de la dune du n[...]
de ce vallon, il a été trouvé, en mars 1870, trois murets [...]
pierres sèches. Ils avaient seulement une vingtaine de cen[...]
mètres d'élévation : ils étaient parallèles, longs de 4 mètr[...]
distants les uns des autres de 3^m,50 et orientés nord-sud. O[...]
trouva :

1° Un mortier en granit à broyer le grain, semblable à ce[...]
trouvés à Beg-el-kanneg. Il avait 0^m,60 de long sur 0^m,40 [...]
large.

2° Un morceau d'un autre mortier.

3° A l'extrémité sud de ces murets, on a trouvé une espèce de four. C'était un mur circulaire qui circonscrivait un cercle de deux mètres de diamètre. Il était en pierre sèche, avait 0^m,20 seulement de haut et 2^m,50 de large. Dans ce mur il y avait trois ou quatre pierres debout s'élevant de 0^m,30 à 0^m,40 au-dessus des autres. A leur base on avait mis, pour les consolider, d'autres petites pierres en guise de coins. Toute la paroi intérieure du mur portait des traces non équivoques d'un feu ardent. Sur l'espace renfermé dans cette circonférence de pierre, il y avait un amas de cendres et de terre rouge, reposant sur le sol et s'élevant au niveau du mur. J'y ai recueilli plusieurs morceaux de terre cuite assez bizarres. L'une de leurs faces est unie ; l'autre est couverte de cannelures non parallèles, mais s'entrecoupant.

4° Dans les cendres et dans le mur on a trouvé des os et des vertèbres qui paraissent avoir appartenu à des ruminants.

5° On y a trouvé aussi des poteries rouges et noires et des coquilles.

6° Enfin un objet en pierre de forme pyramidale, à quatre pans, dont la hauteur est de 0^m,042 et la base de 0^m,025, 0^m,016. Il est au musée de la Société avec le N° 684.

33° ÉCLATS DE SILEX.

Au pied de Mané-Bélég, on a extrait des pierres. Sur le bord de ces carrières j'ai recueilli beaucoup d'éclats de silex et de poteries celtiques.

34° MANÉ-BÉLÉG.

Mané-Bélég est le point le plus élevé des dunes de S.-Pierre-Quibéron. M. l'abbé Collet y a fait des fouilles en 1869 et y a trouvé une lame de fer très oxydé, et une assez grande variété de poteries (musée de Vannes, N°^{s} 663 à 671).

35° REJETS DE CUISINE.

A environ deux cents mètres et au nord de Mané-Bélég, o
voit un amas considérable de rejets de cuisine.

36° KGROIX.— REJETS DE CUISINE.— CONSTRUCTION.— COFFRE
DE PIERRES.

Au nord-ouest et à environ cent cinquante mètres du villag
de Kgroix, on trouve, sur une étendue assez grande, beaucou
de poteries faites au tour, d'ossements brisés ayant apparten
à différentes espèces d'animaux, et des tuiles à rebord. Dar
une prairie prise sur les dunes, en cet endroit qu'on appell
er varquèze, le marais, parce qu'il est couvert d'eau en hive
il y avait une butte de sable d'environ deux mètres d'élévatio
Vers 1865, le propriétaire de la prairie voulut défaire cette butt
et l'étendre sur son terrain, afin de le niveler. Sous ce sabl
il trouva une maçonnerie en pierres sèches peu élevée, for
mant un rectangle allongé de 7 mètres de long sur 5 environ d
large. Cette construction était orientée *est-ouest*. A l'*est* et
quelques mètres de ce rectangle, il trouva un coffre d
pierres non couvert, et dans ce coffre un squelette qui f
exhumé et déposé dans la partie non bénite du cimetiè
paroissial. Au sud et à une plus grande distance de cett
construction, il trouva un second squelette, mais pas de coff
de pierres. Ces deux squelettes avaient leurs pieds à l'est
leur tête à l'ouest. Leurs tombes avaient été creusées à un
vingtaine de centimètres de profondeur dans le sol. Par c
coffre de pierres, cette station peut remonter à l'époque ce
tique; mais par les tuiles à rebord elle doit être de l'époqu
gallo-romaine ou même d'une époque postérieure. On aurait l
droit de conclure qu'il y aurait eu là une agglomératio
d'habitants pendant un certain nombre de siècles.

37° ROQUENAUDE.

Au village de Roquenaude, un dolmen ruiné.

38° MANÉ-BRAS. — DOLMEN.

A 300 mètres environ et à l'est de Portguen (Portblanc) se trouve Mané-bras. M. l'abbé Collet y a fouillé, en 1868, un dolmen bouleversé et y a trouvé, entre autres choses, les débris de deux vases qui se voient aujourd'hui au musée de la Société polymatique sous les N°° 619 et 621. Sur cette butte on a ouvert une carrière. Un des carriers y a trouvé un celte en jade vert, que je possède.

39° PORTGUEN. — DEUX DOLMENS A GALERIE.

M. Gaillard a fouillé deux dolmens à galerie sur la falaise de Portguen (Portblanc), en février 1883. Outre un assez grand nombre de squelettes bien conservés, il y a trouvé :

1° La moitié d'un petit vase apode.

2° Un poinçon en bronze, long de 0m,07.

3° Une épingle en os à tête circulaire aplatie verticalement, cassée à sa tige, mesurant néanmoins, tête et tige, 0m,04.

4° Un grain de collier en talc-serpentin, de couleur bleu-noir, de forme ronde : diamètre 0m,025.

5° Une défense de sanglier mesurant 0m,13.

6° Un celte en diorite, de 0m,13 de long.

7° Un autre celte en diorite de 0m,09.

8° Une pierre celtiforme de 0m,10.

9° Un éclat de silex de 0m,95 de long sur 0m,042 de large.

10° Un petit galet perforé en forme de pendeloque.

11° Débris de charbon et cendres.

12° Débris d'un grand vase.

13° Une pierre polie de forme triangulaire et à angles arrondis, portant au sommet, des deux côtés, un commencement de perforation bien marquée.

14° Débris de deux autres vases.

15° Un vase ornementé.

16° Percuteurs de diverses formes.

(Voir le rapport de M. Gaillard, chez Galles, libraire-imprimeur, à Vannes.)

40° TUMULUS DE BÉG-EN-AUDE.

Ce tumulus est assez considérable ; sa hauteur est d'envir
6 mètres, son diamètre varie actuellement entre 20 et
mètres.

M. l'abbé Collet l'a fouillé en 1868. Sa composition
analogue à celle de Tumiac et du Mont-Saint-Michel.
procédant de l'extérieur à l'intérieur, on trouve :

1° Une couche de terre végétale ; 2° Une couche uniforme
pierres ; 3° Une couche de vase concrète d'une épaisseur
1^m,50 ; 4° enfin un galgal de grosses pierres et de caillo
roulés reposant directement sur le sol.

M. l'abbé Collet y a trouvé :

1° Dans la couche de terre extérieure, des débris de poter
grossières, noirâtres, sans dessins, façonnées au tour, do
trois à rebords, deux panses dissemblables dont une perc
d'un trou, l'autre paraissant avoir fait partie d'une ampho

2° Dans la couche de pierres, une quantité considérable
fer oxydé, sorte de chevilles à tête carrée dont la longue
atteint jusqu'à 0^m,20. Ces tiges de fer sont encore en par
enveloppées de fragments d'un bois qui semble appartenir
l'essence du chêne.

3° Dans la même couche, une pierre plate, polie par la m
percée des deux côtés d'un trou inachevé, assez semblable a
pesons de filets de nos pêcheurs.

4° Dans la couche de vase, des traces de charbo
encore une cheville oxydée en fer, des débris de poterie
trois os d'oiseaux. Pas de crypte.

(Voir le Bulletin polym. 1868, p. 173 et 174.)

41° ER POUZEU. — COFFRE DE PIERRES.

La pointe qui porte ce nom est située à 300 mètres de
jetée de Portivy, dans la direction de Bég-en-Aude. I
M. Gaillard a fouillé, le 28 mai 1883, un petit galgal en der
cercle, au milieu duquel il a trouvé un coffre de pierres. Da

ce galgal il a recueilli de nombreux éclats de silex, des fragments de poterie semblable à celle des dolmens, enfin plusieurs galets auxquels on avait commencé à donner la forme de celtæ.

(Voir le rapport de M. Gaillard, Paris, Hennuyer.)

42° CIMETIÈRE CELTIQUE DE L'ILE THINIC.

Thinic, autrement Inis Tilleuc, est un îlot de 33 ares de superficie, séparé de la terre ferme par une chaussée de gros galets, longue de 200 mètres, et submergée seulement pendant un certain temps à chaque marée. L'îlot est à un kilomètre environ et à l'ouest du fort Penthièvre.

En août 1883, M. Gaillard y a découvert 27 coffres de pierres de différentes grandeurs et contenant chacun un ou plusieurs squelettes. Ces sépultures appartenaient à un cimetière celtique dont une partie a été détruite par la mer. Ce cimetière était recouvert de pierres en désordre et de terre.

M. Gaillard y a recueilli :

1° Beaucoup d'éclats de silex.

2° Beaucoup de poteries semblables à celles des dolmens.

3° Des outils en pierres, notamment des percuteurs.

4° Une tête de flèche.

5° Un objet en os en forme de patte-fiche.

6° Deux pesons de ligne ou de filet, de formes différentes.

7° Une pierre arrondie de contour, mais courbée en sa longueur.

8° Deux dents, d'un chien probablement.

9° Dents et mâchoires de ruminants.

10° Divers fragments d'andouiller de cerf.

11° Enfin de nombreux instruments en pierres plates allongées de la côte, diorite, schistoïde, usées en biseau tantôt d'un bout tantôt des deux.

(Voir le rapport de M. Gaillard, Vannes, chez Galles, libraire-imprimeur.)

43° TÉVIEC.

L'île de Téviec se trouve entre Quibéron et Erdeven, à [...]
milles environ de Quibéron. M. Gaillard l'a explorée, le 28 [...]
1883. Il y a trouvé :

1° Poteries semblables à celles des dolmens.

2° Une très grande quantité d'éclats de silex ;

3° Des ossements d'animaux.

4° Un calcaneum de cerf.

5° Une sorte de galerie en maçonnerie, de 4^m,50 de lon[...]
1^m,50 de large.

(Voir le rapport de M. Gaillard, Vannes, chez Galles, libra[...]
imprimeur.)

44° ROHELLAN.

L'îlot de Rohellan est près de la côte d'Erdeven. M. Gai[...]
y a recueilli des poteries qui paraissent être de l'épo[...]
romaine, et quelques éclats de silex.

Si nous descendions sur la côte d'Erdeven voisine de [...]
hellan, nous nous trouverions, à Killio, en présence de mo[...]
ments celtiques dont la fouille a donné de nombreux et curi[...]
résultats. C'est, il me semble, une preuve de plus que c'était [...]
là qu'aboutissait, à l'époque celtique, la presqu'île de Quib[...]
dont Thinic, Téviec et Rohellan sont les débris.

Je reviendrai sur Killio en parlant d'Hœdic, Houat et Quib[...]
à l'époque romaine.

Les vestiges celtiques à Hœdic, à Houat et à Quib[...]
sont nombreux ; cependant la liste que je viens d'en don[...]
n'est pas complète. Par des observations nouvelles et [...]
nutieuses, on pourra constater des omissions.

Ces monuments ont dû autrefois avoir été égale[...]
répandus sur toute la surface de ces trois localités. Aujourd[...]
on en trouve peu dans les parties cultivées ; il n'y a que [...]
gros menhirs à avoir échappé à la destruction. On en cor[...]
beaucoup, au contraire, dans les parties incultes et, de [...]

les dunes en renferment encore d'autres que le temps fera découvrir. On peut donc conclure qu'à la fin de la période celtique, ces monuments étaient en grand nombre à Hœdic, à Houat et à Quibéron.

Ces monuments sont variés. On y a inhumé, par exemple, de quatre manières différentes et probablement successives. Ainsi on a inhumé dans les dolmens, avec et sans incinération ; on a inhumé dans des coffres de pierres, et enfin on a inhumé sans coffres de pierres et sans dolmens. D'où il semble résulter que le pays a été habité pendant une longue suite de siècles et que, là comme ailleurs, les usages se seront modifiés avec le temps.

Sur cette longue bande de terre dont Hœdic, Houat et Quibéron sont les débris, il y avait des forêts où vivaient des animaux sauvages. On a trouvé des défenses de sanglier au Toul-bras et au Portguen, des bois de cerf au port de Kné et au cimetière de Thinic, un calcaneum de cerf à Téviec, et de nombreux ossements brisés dans les amas de rejets de cuisine. Ces forêts disparurent peu à peu et le sol fut défriché. On y cultiva les céréales, et à Bêg-el-lanneg et au vallon des Martyrs, on a trouvé les auges et les pilons qui servaient à les broyer.

Devenus complètement maîtres du pays, les habitants ne se livrèrent pas seulement à l'agriculture, il surent de bonne heure pratiquer la pêche et puiser dans les riches trésors que la divine Providence mettait à leur disposition. A Bêg-en-Aude, on a trouvé comme des débris de chevilles en fer d'un bateau qu'on y avait peut-être enterré avec son patron ; à Thinic, à Bêg-el-lanneg et au Coh-Castel, on a trouvé des pesons de filets ou de lignes de pêche. Le pays dut donc devenir prospère, et c'est ce qui explique l'existence actuelle de ces nombreux vestiges des temps anciens, même après vingt siècles plus ou moins destructeurs.

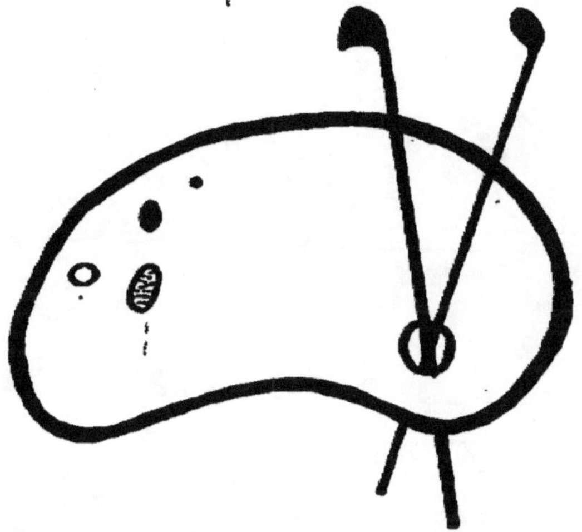

DÉBUT D'UNE SÉRIE DE DOCUMENTS
EN COULEUR

www.ingramcontent.com/pod-product-compliance
Lightning Source LLC
Chambersburg PA
CBHW071410030726
47594CB00006B/2377